永泰县"景行"文化校本教材

主编　黄文明

海峡出版发行集团
THE STRAITS PUBLISHING & DISTRIBUTING GROUP

海峡文艺出版社
Haixia Literature & Art Publishing House

图书在版编目(CIP)数据

魅力永泰 书香景行/黄文明主编. —福州:海峡文艺
出版社,2020.6
ISBN 978-7-5550-2316-6

Ⅰ.①魅… Ⅱ.①黄… Ⅲ.①永泰县实验小学—校
史 Ⅳ.①G629.285.74

中国版本图书馆 CIP 数据核字(2020)第 107998 号

**魅力永泰 书香景行**

黄文明 主编

**责任编辑** 李永远
**出版发行** 海峡文艺出版社
**经 销** 福建新华发行(集团)有限责任公司
**社 址** 福州市东水路 76 号 14 层 邮编 350001
**发 行 部** 0591—87536797
**印 刷** 福州锦星元印务有限公司 邮编 350000
**厂 址** 福州市晋安区新店镇健康村健康工业区 6 号
**开 本** 787 毫米×1092 毫米 1/16
**字 数** 120 千字
**印 张** 7.25
**版 次** 2020 年 6 月第 1 版
**印 次** 2020 年 6 月第 1 次印刷
**书 号** ISBN 978-7-5550-2316-6
**定 价** 30.00 元

如发现印装质量问题,请寄承印厂调换

# 序

1981年至1983年，我是永泰县实验小学的学生。故土虽已远离，记忆却未能淡去。《魅力永泰 书香景行》的出版，再次勾起我对故乡的眷恋。

当时的校园就在登高山下，许多同学的家也在登高山。在上学路上或者拜访同学的途中，我总会被登高山上古香古色的建筑所吸引。那长着青苔的石板路、满是凹痕的石井栏、层层出挑的斗拱、字迹斑驳的匾额，仿佛在述说着一个个久远的故事。

随着年龄的增长，我渐渐地走近这些故事。故事里，有力能扛鼎的柯熙，有文武双全的江伯虎，有满腔忠愤的张元幹，有力劾奸相的黄龟年，有"七年三状元"，也有"一门六进士"。故事里，有对成功的憧憬，有对家国的眷恋，有对正义的坚持，也有对邪恶的斗争……

这是一个个值得我们每一位永泰人记住的故事。因为有了这些故事，永泰才是魅力的永泰，永泰人才是有底蕴的人。

为了把这些永泰故事更好地讲给孩子们听，可敬的老师们编写了《魅力永泰 书香景行》一书。书中有对联奎塔、状元坊、世科里、仰止楼、三落厝、新安巷、文庙等建筑空间的描绘和历史渊源的记载，也讲述了萧国梁、郑侨、黄定、柯熙、张元幹、黄龟年、包干臣、周焕、柯祺等永泰历史名人的生动故事。现实与历史交织、人文和建筑荟萃是本书的显著特色。

我阅读本书的第一个感受,是"爱国情怀"。

千百年来,永泰先贤有智慧、有情怀,将个人的聪明才智和祖国的命运紧密联系在一起。饱受外族武力欺凌的宋代,张元幹悲愤地送别因为反对与金议和而遭到贬谪的胡铨,发出了"梦绕神州路"的叹息,喊出了"天意从来高难问,况人情老易悲难诉"的慨叹。宋淳熙十六年(1189年),郑侨代表宋朝出使金国。面对金国国主的傲慢,他据理力争,终于让金国国主以礼相待,维护了宋朝的尊严。现在的中国正处于向着伟大复兴迈进的重要历史时期,有许多机遇,也有更多挑战。国际上仍然存在着一些对中国怀着偏见和恶意的敌对势力。永泰的孩子们,张元幹和郑侨的后辈们,你们能不能像自己的祖先那样,勇敢地维护国家的尊严呢?

永泰"三状元"之一的萧国梁,到漳州当了太守。他的子孙有一部分移居台湾。2005年,台湾前领导人萧万长先生回厦祭祖,确认萧国梁为其先祖。2016年11月,萧万长先生又回到祖籍地漳州市南靖县金山镇霞涌村祭祖。我们永泰的先贤连起了海峡两岸的血脉,我们永泰的孩子们能不能在祖国统一的事业上也有积极的贡献?

我阅读本书的第二个感受,是"文化自信"。

永泰并不是一个经济上特别发达的地区,但是永泰有青山绿水,有悠久的历史和灿烂的文化。这是我们每一位永泰人的底气和精气神。宋朝是一个寒士可以通过苦读、奋斗而改变自己命运的时代。"三状元"

中的郑侨,早年家境非常贫寒,可是通过自己的奋斗,终于成为国之栋梁、三朝重臣,身后赠太师、封郇国公。如今,有人说中国已经"阶层固化",从而否认奋斗的意义。从郑侨的例子中,我们知道:只要自己努力,总可以自己变得更加优秀;只要足够优秀,就一定会有属于自己的机会。永泰的孩子们,我们没有不努力的理由!

我阅读本书的第三个感受,是"美学教育"。

永泰的先贤,是美的追寻者和创造者。一卷《宋词》记载着月洲村张元幹《贺新郎》的悲壮、《浣溪沙》的婉约;一部《宋诗》透露着嵩口卢梅坡"梅须逊雪三分白,雪却输梅一段香"的幽雅;一部《书史会要》体现着状元郑侨笔走龙蛇的潇洒快意而严谨有度。还有这优美的永泰山水、典雅的庄寨建筑,不也是永泰美的记录吗?我们的时代是一个快速变化的时代,快得让许多人无法静心去写诗,去观赏春天的花、秋天的雨。干涸的心灵不会创造。永泰的孩子们应该庆幸自己离自然这么近,离雾霾那么远。

登高山文化街区目前正在改造中,新安巷、仰止楼、景行书院等已初具规模。我每次回到永泰,都会回到登高山,慢慢地走,静静地回想。书香,是我小学的回忆;景行,是我人生的准则。吟咏着"高山仰止,景行行止",我希望每一个怀揣梦想的孩子都能走在人生的大道上。

林宙辰

(本文作者系永泰实小 1983 届校友,
北京大学教授、博士生导师)

# 目录

下　册

上册

# 第一单元 状元坊剪影

## 第1课 联奎塔

**学一学**

衶峰龟岭与龙屿,三处山川实壮哉。

相去之间不百里,七年三度状元来。

永泰县城大樟溪南岸的塔山公园,2008年更名为联奎公园。进入公园大门,拾阶登顶,一路绿影婆娑。正当人们腰酸捶背之际,猛然抬头,蓝天映衬下的一座古老石塔赫然映入眼帘。这就是永泰县的文化地标——联奎塔。

联奎塔

联奎塔为七层空心楼阁式建筑,全塔用坚硬的花岗岩砌就。塔身呈八角形,宽8米,高21米,塔座周长39米。底层入口处,两位石雕文官分列左右:左边是一位长须老者,手持爵位官帽;右边是一位少帅,手托一顶状元帽。门楣刻着繁体楷书"联奎塔",粗实有力,两边分别刻着"翁鹿共处"、"道鹤相生"的浮雕图案,分别象征御赐重宴鹿鸣和修道之士与鹤为伴,极尽祥瑞之意。塔的每层都有廊道环绕,廊壁石雕佛像和雕花石栏栩栩如生,呼之欲出。塔内石梯陡立,盘旋而上,每一级台阶都是用石条一端嵌入塔壁悬空而成。登顶俯瞰,整个樟城尽收眼底。

联奎塔建筑精美,结构奇特,然而这不足以吸引八方来客,真正驰名海内外的是与塔息息相关的那段辉煌历史。

相传在宋乾道年间,一个小小的永泰县,七年间(公元1166年至1172年)蝉联三科状元。他们是萧国梁(1166年)、郑侨(1169年)、黄定(1172年)。这是我国科考史上少有的辉煌历史,永泰县也因此而得名"状元县"。为了颂扬"七年三状元"这一科举盛世,也为了更好地激励后人追慕先贤,人们建起了这座久经风雨的石塔,取名"联奎塔"。

"联奎"意为"连年夺魁",这"联奎"的三状元不仅学识渊博,在步入仕途后他们都勤政爱民,为国家、为社会做出了很大的贡献,成为永泰人民永远的骄傲。每年高考前夕,许多参加高考的学了都慕名前来拜谒,希望通过自己的努力金榜题名,成为国家有用的栋梁之材。

"联奎"的三状元画像

　　几百年来,联奎塔迎风傲立,历经流逝的岁月,见证难忘的历史,述说曾经的辉煌。上千年后,联奎塔还将守望故土,珍惜燃烧的时光,引领永泰的学子,走向世界的舞台。

　　"问天下状元几见蝉联三度,愿永阳学子都将鹰扬四方。"今日景行学子,明天祖国栋梁,从这里走出的莘莘学子,将把君子风范代代流传,让书香文气处处飘溢。

**填一填**

　　联奎塔是永泰县的文化地标,其塔身呈(　　　　)形,共(　　　　)层,高(　　　　)米。

**说一说**

通过学习这篇文章,你知道人们为什么要建联奎塔吗?请说给你的爸爸妈妈听。

**走一走**

找些时间,和爸爸妈妈一起漫步联奎塔,看看这座特别的古建筑吧!

**画一画**

你能给联奎塔画一幅简笔画吗?

# 第 2 课　仰止楼

学一学

仰止楼俗称帝君楼,建于何年,县志不载,因楼旁依城内最高山峰登高山,下临城内最高学府景行书院,取"高山仰止,景行行止"之意。

仰止楼

仰止楼位于永泰县樟城镇登高路,属于永阳古城登高山历史文化街区的古建筑,占地 88.5 平方米,建筑面积 158.1 平方米。该楼为跨街纯木结构廊房,由世科里张氏家族倡建,清光绪年间重修。

仰止楼早年供奉文昌君,主祀文昌帝君与魁星踢斗,配祀观音大士、张圣真君和卢公祖师,诸神灵聚集,各受各的香火,儒、释、道一堂,富有特色,远近闻名。

二十一层崎

仰止楼下有二十一层台阶,连接登高山街区中的两大地标建筑仰止楼和景行书院,俗称"二十一层崎",寓意学子步步登高。

这二十一层台阶,原由鹅卵石铺就,虽消失多年,却是街区的肌理和脉络。后经当地居民回忆台阶的样貌,并参考相关历史资料,在原址附近重建"二十一层崎",消失的古城记忆因此重现。

**走一走**

同学们，你们如果有机会，到登高山新安巷，到二十一层台阶走一走、数一数吧！

**读一读**

"高山仰止，景行行止"出自《诗经·小雅》。前句"高山仰止"中的"高山"比喻崇高的道德，"仰"是仰慕；后句"景行行止"中的"景行"是指大路，比喻行为正大光明，喻以崇高的品行之意，后以"高山景行"比喻一个人崇高的德行。

后司马迁《史记·孔子世家》专门引用赞美孔子："《诗》有之：'高山仰止，景行行止。'虽不能至，然心向往之。"

做一做

查阅有关资料，"《诗》有之：'高山仰止，景行行止。'虽不能至，然心向往之"出自司马迁的（　　　）。

A. 《史记·孔子世家》

B. 《太初历》

C. 《报任安书》

# 第3课　三落厝

**学一学**

三落厝全景图

　　永泰县永阳古城是保存完好的千年古邑,旧时店铺林立,一度繁华,邑人曾将其与福州南后街的"三坊七巷"并称,曰:"福州南后街,永泰北后街。"

　　三落厝更是永泰老城区北后街现存最大的一座古厝。

　　三落厝又称"三进厝",传统木构民居,依山就势,层层递进,占地面积1232.79平方米,建筑面积1064.3平方米。清乾隆十七年(1752年),柯尔蕃用银圆三百八十两向游道跃买断旧厝一座。经柯玠扩建为规模宏大的三进大厝,坐落于新安巷后街,共70多间,保存完好。

　　三落厝是清代传统木构民居,其二进大厅中架"四樑扛井",运用"十"字形受力,以此减少柱压力,为永泰工匠独创。此外,厝内的"龙舌燕尾翘"也是特色工艺之一。在改造仿建过程中,历经三个班组的老师傅施工,才基本达到了当时的工艺标准,难度之高,可见一斑。

龙舌燕尾翘

三落厝一角

"文魁"牌匾

　　柯玠于清乾隆十二年（1747年）乡试中举人，荣获御封"文魁"牌匾，悬挂于大门口。

　　二进大厅悬挂三块牌匾，分别是"学士"、"清风化雨"和"义箐普泽"。现存"义箐普泽"与一副柱联：读圣贤书，立修齐志。勉励后人，勤学善举。

　　三进大厅悬挂"永思堂"匾，匾下挂一副对联：笔架南山存虎豹，砚池潦水起蛟龙。颇有气势。民国初年，柯家在三进大厅左侧新建洋房九间，新厝与旧厝两种中西建筑风格巧妙融合，是民国时期永泰赫赫有名的洋房。三落厝原为柯家祖业，现居柯、张两姓人家。

"义箐普泽"牌匾

**走一走**

三落厝原为柯家祖业,与永泰第一位武状元柯熙同源。科举文化是老城独树一帜的文化符号,如今,三落厝已对市民开放,在此设立"福州道德讲堂"示范点,开展各类讲堂活动,并定期举办国学、非遗、节俗等文化讲座,开展读书会、文旅结合等相关研学活动,既能展示永阳历史文化,又能持续深化群众性道德文化创建活动。孩子们,找些时间,和父母一起去感受"道德讲堂"以德育人、以文化人的独特魅力吧!

**查一查**

同学们,永泰是"建筑之乡",从三落厝独特的建筑风格中也能凸显古人的智慧,找一找,永泰还有哪些名胜古迹吸引着你呢?

# 第二单元　书院拾贝

## 第 4 课　高山景行

**学一学**

阛阓低扑地,即此是高峰。行到山之顶,还疑平地同。

松毛从道左,松味飐湖东。向往景行久,书声夕照中。

——清·王惟沣《登高山》

景行书院正门

"景行"二字让你想起了什么?是雄伟的景行楼,还是石刻上那苍劲的"高山仰止,景行行止"？是动听的校歌《美在景行》,还是作为景行人的自豪……

学宫

景行书院是永泰实验小学的前身。让我们沿着时光之河,回溯到两百多年前。那是清乾隆二十三年(1758 年),崇文重教的县令王作霖在县城登高山上建了一所学宫,取名"景行书院",并且购置田地收取地租,以充当办学费用。清乾隆五十六年(1791 年),知县袁文宿在《重修景行书院记》中说,景行书院兴办之后,"从此教行学兴,效及于乡国,兴廉举孝,仁让风行,裕诸此矣",足见其影响之大。它是永泰历史上许多书院的代表,文脉强大,人才辈出,是人们心中的教育圣地。清光绪三十二年(1906 年),因为诏令废科举、兴学校,知县陈应辰将"景行书院"改为"永福县立两等小学校"。

书院占地面积 917 平方米,建筑面积 783 平方米,共计 21 个房间。房间地面用木板铺设,墙面使用灰板壁,庭院内采用石条铺设。整体格局美观。书院内学宫正前方有个半月形水池,名"泮池",又称"泮宫",意为"泮宫之池",它是官学的标志。古代"诸侯不得观四方,故缺东以南,半天子之学,故曰泮宫"。

青石小桥

历经两百多年的风风雨雨,青石小桥依然静立书院中,它弓着背,迎接着来来往往的人们。泮池之水仍然滋养着莲花,莲叶圆圆,盛着颗颗珍珠般的水滴。随着永阳古城的保护修复,书院重新焕发出勃勃生机:弥漫着知识芬芳的书吧,陈列着珍贵文物的"景行风物"收藏室,书画大师笔精墨妙的作品,古香古色的国学讲堂,正等着人们去品读,去欣赏,去倾听……

书吧

"景行风物"收藏室

国学讲堂

**走一走**

到景行书院走走,看看小桥流水,古墙飞檐,欣赏林铁肩先生的画作《高山景行》,以及由赖贞嵩先生撰句、林铁肩先生书写的对联:

景仰前贤思吐哺,

行将后俊荐明时。

林铁肩先生的画作《高山景行》及对联

**查一查**

1.你知道从景行书院走出哪些人才吗?

2.除了景行书院,你知道永泰还有哪些书院比较有名?

**画一画**

小桥柱头的雕刻形状、图案有什么象征意义？思考后请拿出画笔画一画小桥、柱头石雕或飞檐、书院。

# 第5课　"文魁"的由来

**学一学**

左图是一个象形字,描摹古时祭祀仪式中头戴面具、手持大汤勺的人。大家辨认出这是一个什么字了吗?

这便是"魁"字。因持汤勺的面具人在祭祀仪式上第一个操作表演,表示第一、最大。在科举考试中,取得最好的成绩即称作"魁"。文魁,即文章"魁首"。

民俗传说中文章魁首是魁星下界,魁星也称"奎星"。民间将魁星与文曲星等同,认为都是主宰天下文运的万乘之尊,在儒士学子心目中,具有至高无上的地位。

因"魁"又有"鬼"抢"斗"之意,故魁星又被形象化——一副张牙舞爪的形象。

魁星右手提朱笔,左手执墨斗,专门点考试中榜者的姓名。通常在吉祥图案里把魁星画成一脚站鳌头、一脚向上后踢的形象,取"魁星点斗、独占鳌头"的祥瑞。

读书人信奉魁星的风俗早在宋代就有,而在明、清大为流行。中国古代学生的学业检查比现代频繁得多,非常严格,难以通过。小考天天有,大考三六九。每日考的叫日考,还有

魁星

月考和季考。清代，宗族里只要在县里考上了廪生、附生、增生就都算进了学，祠堂可以挂上一块匾，就是"文魁"。

各家各户盼望子孙能够金榜题名，所以每年农历七月七日魁星诞辰时，文人墨客们都会去各地魁星楼、魁星阁等祭拜，以祈求魁星保佑科举顺利。

读书人为了取得参加正式科举考试的资格，先要参加童试，参加童试的人称为儒生或童生，录取"入学"后称为生员，俗称秀才。这是"功名"的起点。

秀才可以参加乡试，乡试之前先要通过本省学政巡回举行的科考，成绩优秀的才能选送参加三年一次的乡试。考中后称为举人。文魁，通常是古代科举制度中对第七名以后举人的一种称呼。

文魁

中举之后方可参加会试，取中后称为贡士。会试后一般要举行复试。通过会试之后，方可参加殿试。

殿试由皇帝亲自出题考试，为科举考试中的最高一段。通过最后一级考试者，称为进士，是古代科举殿试及第者之称，意为可以进授爵位之人。取中的前三名分别称为状元、榜眼、探花。

地处福建省福州市西南部的永泰县,依山傍水,缓缓流淌的大樟溪穿城而过,千百年来馈赠给这片土地的不仅是旖旎的自然风光,还有厚重的人文历史。历史上,永泰县所诞生的状元、进士达到数百人之多,甚至曾一度创下"七年三状元"的科举佳话。

**看一看**

　　呼朋引伴,穿过幽幽的小巷,去瞻仰一块块斑驳的匾额,寻访唐风宋韵,品呷浓郁的文化况味,继承先人博学上进的精神吧!

**品一品**

你知道"文魁"匾上"魁"字第一笔"撇"为什么被省略吗？

原来这是古人代表谦虚，少写一笔"撇"，意思是自己写的文章还有欠缺。

# 第6课　老井的故事

**学一学**

"日出而作,日入而息。凿井而饮,耕田而食。"

曾几何时,在永泰的小村庄里,聚井而居,井井为邻。清脆的笑声唤醒清晨的曙光,匆匆的脚步摇晃着沉重的木桶,老井为勤劳的人们敞开胸怀,经久不息,源远流长。让我们打开历史的长卷,重新走近这些收藏历史、演绎故事的老井们吧!

虹井

虹井是保存较好的一泓古井,在永泰县城虹井街黄厝边,凿于宋代。该井深约 10 米,井径约 1 米,井壁以石块垒砌,方形石井栏,高约 0.3 米。井下泉水源源不断,水质甘甜,附近居民至今仍在汲水饮用,老井情结至今难舍。相传,宋名臣黄龟年出生时,一道彩虹饮于此井,故名"虹井"。

井源埕先奉井

先奉井在永泰县城关井源埕,为明朝梁廿八郎所建,井口方形,石砌刻有"先奉井梁廿八"字样,井底岩石上清泉汩汩。井边置圆石臼一个,现尚使用。

陈罗井

陈罗井又名玉井,在永泰城关柯厝边,建于元末明初,是樟城七古井之一。井方形,井口至底边 16 米,系石砌,尚完好。

柯厝玉井

玉井又名古井,位于柯厝边,元朝末年凿建,老城七大古井之一。传柯氏族人开凿水井时,在井底挖出一块岩石,洁白似玉,雕成观音佛像,造型优美,栩栩如生,故井称"玉井"。

**讲一讲**

清清井中水,悠悠乡土情。每个老井都有一个故事,这些故事如歌如泣,荡气回肠。

**新安井**

新安井,位于新安巷林家祠堂对面。抗倭义士林大有等曾在井边歃血立誓,慷慨赴难。那悲壮的誓言,仿佛一直在井边回荡。

**月阙林家祖厝古井**

月阙林家祖厝旁的那口古井,据说每隔 60 年,井水会在某一天的辰时至巳时变红，之后又恢复如常。

**嵩口下板厝井**

嵩口下板厝井内，有一方一圆两口古井，取"天圆地方"之意，也寓主人"智欲圆、行欲方"的处事准则。两口水井之间，安放一"洗钱槽"，用石纹路细密、雕工精致。房屋最早的主人陈用坦每每收银圆铜币，都要在槽里洗过后再入银库。此举为了防锈，也在表明他收的钱干干净净。

**找一找**

同学们，看完老井的资料后，让我们一起走到永泰的小巷老城里，去寻找和认识更多有故事的老井吧！

## 写一写

同学们,只要老井在,故事永远在井边流传。查找资料,拿起笔,写下你认为最感人的老井故事。

## 做一做

也许你是深藏不露的摄影师,也许你是技艺高超的绘画家,也许你还是文采斐然的小作家、博学多才的小记者,请用你最喜欢的方式为老井描绘蓝图,抒写答卷。

# 第 7 课　状元萧国梁

　　萧国梁，生于 1126 年，字挺之，永泰县岭路乡陈山（古名狮峰）人。宋乾道二年（1166 年）状元。萧国梁步入仕途后，历任著作郎、太子侍讲兼礼部郎中、朝奉郎、广东通判、泉州与建宁知府事、漳州郡守。升迁国子监后，重教兴学，致力育才，清正廉明，被颂为"萧青天"。萧国梁修纂日历和研究诗、词、书、志，成果颇丰，有十一种文集行世，惜已不传，逝后祀乡贤祠。其后裔在漳州和台湾繁衍，蔚为望族。

萧国梁画像

　　萧国梁中状元后，授左宣义郎，按照南宋惯例，新中的状元，往往要到州府给地方长官当助手两至三年，官职叫"签书某州节度判官"，然后由皇帝亲自面试考核，优秀者到馆阁任职。萧国梁由于表现出色，三年后，就升为校书郎。

　　宋乾道六年（1170 年）五月，也就是萧国梁中状元第四年，皇帝宋孝宗召见萧国梁询问政事。萧国梁结合当时南宋经济强盛的情况,给孝宗提了三点建议:一是升平时代也要节俭;二是盐、铁、商、车等税收要有法制;三是开采、冶炼、茶盐贩运等不能有太多的法令禁止。宋孝宗听后大为赞赏,遂接受了萧国梁的大部分建议。

宋乾道九年(1173年)三月,宋孝宗决定于次年改年号为淳熙,为了改年号,需要举办庆典。为了节省排练时间和费用,太常寺决定"亚献"和"终献"用同一支乐舞。萧国梁得知后,马上向宋孝宗进谏,认为"其作有始,其成有终,不可乱也",宋孝宗听了觉得有道理,就采纳了萧国梁的建议。

萧国梁衣冠冢

萧国梁任漳州郡守期间,重视兴学育人,尽力资助读书人,深得老百姓敬仰,有"萧青天"之美誉。后人为纪念他的功绩,在郡冶东廊官路新亭(今漳州市新华东路教子桥)建萧国梁衣冠冢,并立冢碑,以供人们瞻仰及萧氏后裔朝拜。该墓为石灰、砂、石混合建成,1988年被列为漳州市文物保护单位。

**读一读**

# 赠郑侨廷试第一
## 萧国梁

主司①不是大冬烘②，一榜何功压圣功。

云顶峰前分玉带，礼闱③石上探金龙。

龙头奋去星辰晓，象鼻吹成印钵风。

砺砥④于今濡极利，起君濡笔纪真忠。

【注释】

①主司：科举的主试官。

②冬烘：糊涂懵懂，迂腐浅陋，含讽刺意。

③礼闱：指古代科举考试之会试，因其为礼部主办，故称"礼闱"。

④砺砥：磨炼。

**查一查**

萧国梁中状元后，多处为官，最后一任是当漳州郡守，萧氏遂在漳州生根发芽并向外传播，台湾萧氏就是从漳州分支出去的。20世纪80年代以萧万长、萧良松为首的台湾萧氏开始到大陆寻根，从厦门，到漳州，到永泰，几经波折，终于在2007年找到了他们始祖萧国梁的出生地，一时传为佳话，当时《厦门日报》曾大篇幅报道此事。

同学们，感兴趣的你上网查一查有关资料吧！

# 第8课　状元郑侨

**学一学**

郑侨（1133—1203 年），字惠叔，号回溪，永泰龟岭（今属赤锡乡）人。郑侨自小就有雄心大志，勤奋好学。宋乾道五年（1169 年）殿试时，孝宗钦点郑侨为状元。他忠君爱民，政绩卓著，以"忠诚重厚"称誉朝野，病逝后被封赠为太师、国公，谥号"忠惠"，是宋代一位由状元升任宰相高位的"三朝元老"，一代名臣。善行草书，著有《书衡》三篇。

## 为官一任，造福一方

郑侨高中状元后，当年就被派往镇南军（今属江西省南昌市）担任节度判官。那时，镇南军正在闹饥荒，百姓苦不堪言，官府束手无策。郑侨克己奉公，勤于政务，提出救灾利民的多项措施，讲求"荒政凡数十事"，切实帮助百姓度过灾荒难关，初步显示出状元的雄才大略，引起孝宗皇帝的高度重视。

宋淳熙八年（1181 年），淮浙一带发生大饥荒，朝廷派遣了几位大员去治理，却毫无办法。民众流离失所，情况甚急。这时，孝宗想起了郑侨，认为只有他才能胜任此职。刚好郑侨在乡服丧期满，接到诏令，立即赶回京城，请求朝廷拨四万石粮食赈济灾民。他亲自办理赈济之粮，把粮食悉数分到灾民手中，社会很快安定了下来。他还积极发动民众开展生产自救，亲自主持和组织修建了 500 多里河渠，使农业和盐业生产得到迅速恢复。同时,他对当地年久积弊的盐赋进行整顿,仅一年时间,就使淮浙的盐政扭亏为盈,不但还清了历年的积欠,还在当年上缴税赋 390 万缗。

郑侨在建宁、福州、建康多地执政时,善于体恤民情,敢于为民兴利除弊,使百姓休养生息、安居乐业。

## 立朝甚劲正,持节有风采

"立朝甚劲正,持节有风采",这是郑侨同时代官员杨万里在《淳熙荐士录》中对他的评价。

南宋时期国力衰弱,金国强盛,南宋派去的使节常受到金邦的刁难和侮辱,无人敢去。宋淳熙十五年(1188 年),郑侨主动请缨,出使金国。

当郑侨到金国时,金主刚好患病。接待他的金国宣徽使有意冷落和刁难他,要他从东阁门进去送国书。郑侨昂然"捧书站立",义正词严地抗议说:"东阁门是你们文武百官送奏章的地方,我是奉大宋皇帝使命送国书来的,怎么能从东阁门进去?"不论金国群臣如何谩骂、恫吓、威胁,郑侨大义凛然地回答:"我微身且不足顾,何归之?"他坚持民族气节,金人只好以礼相待。

郑侨维护国家尊严,不辱使命,得到了举国上下的赞扬。光宗称赞他说:"卿守节不屈,举措得宜。"当场封他为侍讲,不久又任他为吏部尚书并侍读。

郑侨的一生,为官清廉,懂得爱民亲民,救民于水火;执政谨严,敢于坚持原则,清除弊政邪风;临变沉静而不惊,更是忠心耿耿,无私无畏,坦坦然处事,铮铮然立世,表现出他所特有的伟丈夫气概!

**读一读**

# 题夹漈草堂

## 郑侨

杪秋寻远山,幽怀郁冲冲。

草堂跨层崖,夕阳山影空。

高人辞天禄,结交杖藜翁。

游氛暗九土,岁晚余曷从?

泠泠夹漈水,谡谡长松风。

思之不可见,泪落秋云中。

这是郑侨现在唯一存世的诗,载于其叔叔——史学家郑樵的《夹漈遗稿》中。读一读,想一想诗句中表达了诗人怎样的思想感情。

**查一查**

你还知道郑侨的哪些故事传说呢?上网查一查吧!

# 第9课　状元黄定

【南宋】黄定

黄定（1130－1198年），字泰之，号龙屿，晚号巩溪居士。为永泰一都人（现属福清）。宋乾道八年（1172年）状元。历任秘书省校书郎、工部员外郎、国子监司业、温州和潮州知府等，终于广东提举。黄定为官清廉，关心百姓疾苦，重教兴学。黄定一生擅长诗文，其作品行世的有《凤城词》一卷，《文集》两卷，可惜均已失传，仅《龙屿协济庙记》和几首诗作流传于世。

黄定少年时读书十分勤奋，苦学经史，尤工诗词。然而，他的仕途却并不平坦。到了成年之后，他屡次参加科考，竟屡次名落孙山，无缘成就功名，但他并未因此而丧失信心。每当落第的惆怅过去之后，他就更加珍惜时光，发愤读书。"功夫不负有心人"，在28岁那年，黄定终于考取了"补太学生"资格，升入国子监求学。宋乾道七年（1171年），他从太学考取"预荐"，取得了次年参加会试的资格。

宋乾道八年（1172年），黄定参加会试，成绩优异。会试之后，他在廷试对策时，针对金兵压境、国家危亡的现状，大胆谏言："陛下虽有无我之量，而累于自喜；虽有知人之明，而累于自恃。当以大有为之时，为改过之日。"他毫不留情地指出皇帝"自喜""自恃"的缺点，大胆建议皇上振作精神，改正错误，虚心倾听群臣的忠言，奋力挽救南宋的危局。

言辞恳切,忠心可鉴,言理说事,富于思辨,深得孝宗皇帝赏识,亲自将他擢为壬辰科状元。

在当时永福的三状元中,黄定跃登龙榜虽说晚了一步,但其胆识和才华却展露得最为淋漓尽致!

在知潮州任内,黄定为官清廉,关心民间疾苦;敢于革除弊政,抑制豪强,采用轻徭薄赋为百姓解除困境,很有政绩。

当时,潮州瘟疫流行,百姓不堪其苦。黄定亲临疫区,一面为患者延医求治,一面让民众设防灭害,终使潮州的百姓度过了瘟病之灾。黄定还拨"官田"为"学田",以此来赡养寒士,使其衣食无忧,安心读书。

总之,黄定在知潮州时政绩卓著,深受当地百姓的崇敬和赞颂,因此在他离任时,百姓对其依依难舍,夹道跪拜,给他送了"万民伞"。

**读一读**

### 鹧鸪天

黄定

间世文章万选钱,清时平步八花砖。

大开紫府瑶池宴,正是橙黄橘绿天。

金烛里,玉堂前,翰林元是武夷仙。

雍容草罢明堂诏,留取天香馥寿筵。

**想一想**

纵观黄定的一生，你从中获得哪些启示？

**查一查**

黄定虽然家道贫寒，但是他的祖父、父亲都是进士，家族显赫。查一查，黄定家族还有哪些名人？

# 第三单元　我的"大实小"

## 第 10 课　今日景行学子,明天国家栋梁

 **学一学**

新学期来啦,小蒙要上一年级啦!

开学第一天,在学校本部校区宽阔美丽的操场上,小蒙和同学们在班主任老师的带领下沿着红地毯来到"我们是小学生啦"签名板前,签下了一个个可爱的名字。紧接着他们又在六年级大哥哥大姐姐的引导下步入升旗台,参加新学期开学典礼。

"恭喜你啦,长大啦! 今天开始就是我们永泰实小的学生啦!"负责引导小蒙的六年级学姐小悦牵着小蒙的手热情地说着。

"谢谢大姐姐,妈妈告诉我,我们永泰实小还是一所百年老校呢。"小蒙高兴地扬起小脑袋。

"对呀,以前登高山麓设有景行书院,那可是我们永泰县启蒙教育的发源地之一呀! 1906 年景行书院更名为'两等小学',这就是实验小学的前身。从 1906 年到现在,你算算有多少年啦?"小悦引以为傲。

小蒙掰着手指头算了半天:"呃……啊,好久好久,算不清! 算不清啦! 我们学校真是一所'老爷爷学校'啦!"

"实实在在一百多年了呢,你当然算不清。你看,能在这样历史悠久的学校读书,多么幸运,我们一起努力,好好学习!"小悦坚定地说着。

他们一同站在国旗下高唱国歌,向冉冉升起的五星红旗行注目礼,

在心中默默立下了"为中华之崛起而读书"的远大志向。

小悦姐姐昂首挺胸走上"景行之星"大舞台,和其他几个大哥哥大姐姐一起披着"景行之星"的绶带,接受校长、老师的表彰,那样子可真神气!

景行之星大舞台

小蒙既羡慕又疑惑——

"又是'景行'……是'景行书院'吗?那'景行之星'又是什么呢?"他向班主任老师问出了自己的疑惑。

老师微微弯下腰,轻声告诉他:"景行,出自'高山仰止,景行行止',原来是指大道,现引申为对高尚道德的崇敬与学习。这是我们学校的文化主题,希望我们从小读圣贤书、立君子品、做有德人。从今天起,你们就成为'景行学子'的一员,而这些大哥哥大姐姐就是德智体美劳各方面表现优秀的景行学子,学校授予他们为'景行之星'哦!"

"'景行之星'就像天上的星星一样会发光吗?"

"是啊,他们今天勤奋学习,成绩优异,品行端正,积极向上,明天成为国家栋梁时,他们就在发光发热啦!"老师笑了起来,"体操运动员姚金男就是你们的学姐呢!"

"真的吗?"小蒙惊讶地问,"就是那个世界体操冠军姚金男姐姐吗?她原先也在我们实验小学读书吗?"

"对,她可为我们中国拿过不少奖牌呢!国家奥委会协会还授予她'2014年亚运会最佳女运动员奖'!"老师自豪地说着。

"好厉害啊!像这样的'星星'多吗?像天上的银河一样吗?"

"是啊,还有著名经济学家、研究员、博士生导师裴长洪,享受国务院特殊津贴、生物医药产业化专家柯传奎,福建省农信社联合社原党委书记、理事长鄢一忠,国家一级美术师、书画篆刻家、福建省收藏家协会会长周野,北京大学教授林宙辰,北京大学硕士、加州大学博士、美国麻省理工学院讲师林剑峰……好多好多国家栋梁,他们都在各行各业发光发热呢!"

景行先锋厅

"我也是景行少年,我也要勤奋学习,做景行之星,长大做国家栋梁,发光发热!"小蒙拍着胸脯掷地有声,眼睛似乎在闪闪发亮。

"小蒙,你真是个有远大志向的景行学子!了不起!"老师摸了摸他的小脑袋,对他竖起了大拇指。

老师说:"每一个永泰实小的孩子,能在这人杰地灵的百年老校学习、生活,都是很幸福的!让我们在这美丽的校园里,勤奋学习,增强体魄,全面发展,立下远大志向,像我们的先人一样,读圣贤书,做济世学问,成治国人才。将自己的小梦想融入中国梦的大理想中,'从小学先锋,长大做先锋',努力成长为能够担当民族复兴大任的时代新人。"

小蒙点点头,望着"景行之星"大舞台上的一副对联,大声朗诵起来:"今日景行学子,明天国家栋梁。"

**填一填**

1. 我们的学校_____年前是一座书院,书院的名称是_____。

2. 我们的学习目标是"今日_____,明天_____。"

**背一背**

同学们,记住我们的"学校精神"、"校训"、"校风"和"学风"哦!

学校精神：<u>朝阳气息，君子风范。</u>

校　　训：<u>德参山水，学寓古今。</u>

校　　风：<u>见贤思齐，日新致远。</u>

学　　风：<u>诗书涵慧，雅习铭心。</u>

**写一写**

　　你还了解哪些"景行之星"？这么多"景行之星"，你最喜欢谁？长大后，你想成为什么样的人？写下来，做成"目标卡"放在每天能看见的地方吧！

**目 标 卡**

　　我想成为像＿＿＿＿一样的人，

我必须＿＿＿＿＿＿＿＿＿＿＿＿＿

＿＿＿＿＿＿＿＿＿＿＿＿＿＿＿＿＿

# 第 11 课　我爱校徽和吉祥物

**学一学**

◆校徽

　　永泰县实验小学校徽以绿、蓝作为标准色。绿色,象征着生态、未来与希望;蓝色,代表着沉稳、睿智。整个画面和谐,体现文化品位。

　　从构图上讲,校徽由字母"y"、"t"、"s"、山、水及道路等意象设计而成。"y"变化为水流,体现学子学习水之德,塑造美好品性,与学校校训"德参山水、学寓古今"相辅相成;"t"变化为群山及道路,寓意着学校全体师生在前行的道路上勇攀高峰,践行着学校的景行文化。

"y"、"t"、"s"、"y"就是"永泰实验"四个字的拼音首字母。1906 年为学校建校时间,代表着学校深厚的文化底蕴。整个校徽设计特色鲜明,一方面彰显学校是文化之地,另一方面将学校名称作为文化载体,树立了学校教育学生、传播文化的形象。

◆景行文化吉祥物

设计者:黄艺翔(1998 届校友)

吉祥物以锦鲤、童子、书本、服饰、浪花为设计元素,以锦鲤身上的红白色为主色调,搭配校徽中的水之蓝,融入儒家景行文化内涵,通过拟人化手法巧妙设计成一个"朝阳气息，君子风范"的景行童子形象。

　　吉祥物以中华锦鲤为原型，以景行、锦鲤中的"景"与"锦"取名"景锦"，体现景行童子端庄、大气、道德高尚、充满正能量，蕴含着中华传统文化中的"富贵吉祥"寓意，希望景行童子深入践行景行文化，刻苦读书，奋发向上，健康成长，如鱼得水，跃过龙门，前程似锦。

　　"景锦"与校训"德参山水、学寓古今"相辅相成，彰显山之巍峨，水之灵动，鼓舞景行童子学习水之德，鲤之品，见贤思齐，日新致远，读圣贤书、立君子品、做有德人，塑造美好品性，用智慧成就幸福人生。

## 📋 资料袋

陈奋武题写的校名

## 校名题写者——陈奋武

陈奋武,福州市人,1965 年毕业于福建艺术学院,现为福建省文学艺术界联合会副主席、福建省书法家协会主席。在书法艺术的求索道路上,他吸收各派书法之长,经过艰难的探索、创新,形成自己独特的风格。陈奋武先生曾多次出访美国、日本等国家进行文化艺术交流,是享受国务院政府特殊津贴的专家。

陈奋武

## 校歌曲作者——李式耀

李式耀

李式耀,1970 年 2 月生,作曲家、中国音乐家协会会员,现任福建省音乐家协会副主席、福建省青年音乐学会会长、福州市文联副主席、福州市音乐家协会主席、福州市政协委员等职,福建省第十三届人民代表大会代表。音乐作品获第九届中宣部"五个一工程"奖、第三届中国音乐"金钟奖",多次获得福建省政府百花文艺奖,首届福州市政府"茉莉花奖"一等奖。

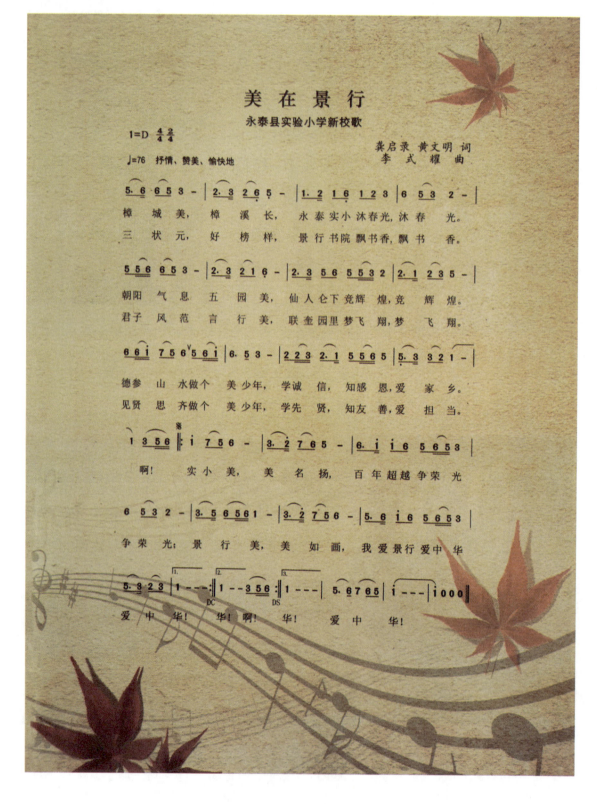

**认一认**

你能很快认出下列物品中的校徽吗？你还在哪些地方看见过校徽呢？

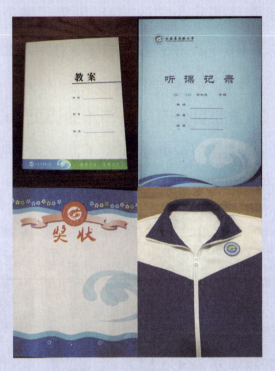

我也说一说：

_____

_____

**画一画**

你能试着画一画咱们学校的校徽和吉祥物吗？

# 第 12 课　美丽的校园

**学一学**

景行书院是永泰县实验小学的前身,创建于清乾隆二十三年(1758年)。清光绪三十二年(1906年),景行书院改办学校,更名为两等小学校,其间历经十多次易名,1978年改名为实验小学,一直沿用到现在。

从1906年至今,学校已经有110多年的历史。学校始终传承沿袭景行风脉,教学质量连年攀升,办学规模不断壮大,现在共有两个校区。

本部校区大门

北门校区大门

北门校区位于永泰县樟城镇北门路100号,操场边上,那棵300多岁榕樟合体的老榕树,依然枝繁叶茂,郁郁葱葱,像一位慈祥的长者,呵护着永泰实小师生的成长,见证着永泰实小的发展变迁。

榕樟树

樟树坂本部位于永泰县樟城镇八仙路 101 号。这是一座典雅大方又充满现代化气息的校园,她的南边,是流水潺潺的清凉溪,西边是绿意盎然的仙人崙,正对面是汇聚灵气的弥勒山。2012 年建成并投入使用,是集"绿色花园、健康乐园、书香艺园、科技学园、幸福家园"为一体的现代化生态"五园"学校,也是全省最美的小学校园之一。

校园绿化面积 13800 平方米,种有 50 多个树种。校内绿树成荫,花香满径。五幢简欧风格的大楼,宏伟壮观,错落有致。校内道路四通八达,把景行文化主题石、校牌、校史沿革墙、学校理念文化墙、科普栏、学校精神主题水景、笑脸角、六艺园、童趣园、田径场、篮球场、游泳馆、法治园、地理园、生物园、鸟语林、艺芳园、先锋厅、少年邮局、电视台、三元书画社、书法艺术墙、雷锋园、联奎园、孔子广场等景观巧妙地串联起来,如同把一颗颗璀璨的珍珠缀成一串精美的项链。

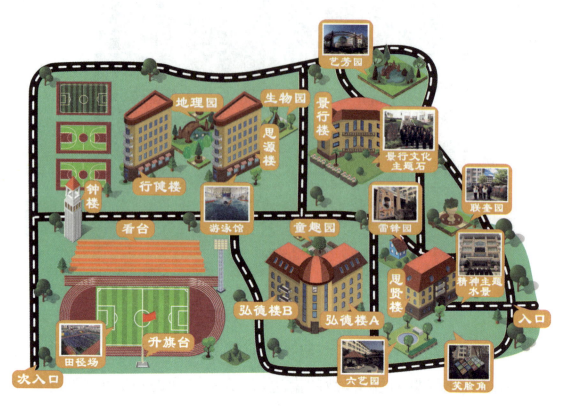

**本部校园景观示意图**

　　进入校门，便来到孔子广场，抬头就能望见孔子的塑像高高立于思贤楼前。他上身微倾，双手相叠置于胸前，目光睿智，神色慈祥，显得儒雅而谦逊，让人不禁吟起他的千古名言："学而时习之，不亦说乎……"每年，这里都要举行隆重的孔子诞辰纪念暨一年级新生"开笔礼"、六年级毕业生"成童礼"仪式。一年级的小学生开学第一天步入校门，在成长树上按下自己的手印，开启崭新的生活；六年级学生毕业典礼时也在这里签名留念，扬起人生理想的风帆。

孔子塑像

　　明志路的西侧,陈列着雷锋的塑像。他戴着风雪帽,目光炯炯,朝气蓬勃。塑像底座刻着毛泽东主席的题词——"向雷锋同志学习"。塑像对面的墙壁上,是一幅幅学校"学雷锋"行动的真实画面。学校被评为全国"学雷锋"先进集体,黄宇乐同学还被评为福建省"诚信之星"呢!

　　雷锋展览馆设在景行楼一层大厅旁,馆里陈列着图书、像章、塑像、书签等23类1500多件雷锋藏品,是全省规模较大的专题展馆。这里展出的每一件物品都蕴含着雷锋叔叔生前的一段故事,置身其中,让我们受到一次精神的洗礼。

　　景行楼里,还有翰墨飘香的三元书画社,四周墙上挂满了学校老师、同学和一些书画名家的优秀书画作品。爱好书画的老师和同学,课余时间可以来到这里,或习字,或欣赏,陶冶情操。学校被评为福建省规范汉字书写特色学校,许多同学的书法作品在省、市、县各级书法大赛中获得大奖呢!

　　校园里有56块大大小小的景观石,石头上镌刻的是书法家们义务书写的景行文化理念和极富教育意义的字、词、句、联。篆、隶、楷、草各具特色,异彩纷呈,或浑厚圆润、苍劲有力,或龙飞凤舞、潇洒奔放。它们已经成为独特的石头文化群,是我们校园一道亮丽的风景线。

　　我们的学校环境优美,处处散发着浓郁的文化气息。这里,是我们成长的乐园!

查一查

1.我们的学校蓬勃发展,取得了显著的成绩,仅 2005 年以来,学校五届蝉联"福建省文明学校",先后获得"福建省实施素质教育先进学校"等县级以上的荣誉141项。你知道学校还获得过哪些荣誉吗?

2.校长是引领着学校发展的重要角色,来看看我们学校的历任校长是谁。

| 姓名 | 任职时间(年) | 姓名 | 任职时间(年) | 姓名 | 任职时间(年) |
|---|---|---|---|---|---|
| 林培森 | ?－1917 | 宋祖敬 | 1947－1948 | 林智南 | 1970－1972 |
| 张胙生 | 1917－1940 | 郑大定 | 1948－1950 | 张陈坦 | 1972－1984 |
| 鄢庆炫 | 1940－1941 | 檀天陞 | 1953－1956 | 郑孝玉 | 1984－1985 |
| 郑学彝 | 1941－1942 | 温步吟 | 1956－1957 | 鲍祖铮 | 1985－1988 |
| 林占鳌 | 1942－1944 | 郑孝銮 | 1957－1958 | 王加章 | 1989－1991 |
| 宋孝敏 | 1944－1944 | 陈传官 | 1958－1958 | 林登坚 | 1991－1992 |
| 李 旺 | 1944－1945 | 蔡家馨 | 1958－1963 1964－1967 | 魏旺兴 | 1992－1992 |
| 鄢肇牧 | 1945－1945 1950－1953 | 陈乃旺 | 1963－1964 | 张学诚 | 1992－2005 |
| 郑国荫 | 1945－1947 | 王冬金 | 1967－1970 | 黄文明 | 2005－ |

3.永泰实小经过十多次易名,你想知道永泰实小的前身是什么吗?请看学校的沿革。

| 学校名称 | 时间(年) | 学校名称 | 时间(年) |
| --- | --- | --- | --- |
| 两等小学校 | 1906—1916 | 城关小学 | 1950—1952 |
| 高山国民小学校 | 1915—1916 | 城关第一小学 | 1952—1952 |
| 明伦国民小学校 | 1916—1917 | 实验小学 | 1952—1967 |
| 第一小学校 | 1917—1924 | 东方红小学 | 1967—1970 1972—1978 |
| 永阳小学 | 1925—1935 | 城关中学小学部 | 1970—1972 |
| 双溪中心小学 | 1936—1938 | 实验小学 | 1978 至今 |
| 鹤皋中心小学 | 1939—1950 | | |

4.选择下列其中一个内容进行实地调查,并写成导游词,然后和同学交流自己的收获。

(1)了解校园里大楼的名称、内涵以及它们的功能。

(2)了解校园里树种的名称、特征以及它们的习性,并深入了解其中一种树。

(3)北门校区有一棵百年古树,了解一下树名、树龄以及它的历史典故。

**走一走**

你知道校园六条道路的名称和蕴意吗？找一找它们分别在哪里，沿着大道走一走，然后画一张校园示意图，向大家做个简单的介绍。

**背一背**

作为永泰县实验小学的学生，让我们把学校学生誓词牢记心间，并化作日常的行动吧！

### 学生誓词

我是永泰县实验小学的一名学生，在此，我庄严宣誓：

诗书涵慧，知识装点童年；

雅习铭心，争做文明少年。

我有活力，洋溢朝阳气息；

我有内涵，彰显君子风范。

见贤思齐，积累生活智慧；

日新致远，创造美好明天！

下册

# 第一单元　状元坊剪影

## 第1课　状元坊

**学一学**

伴着淅淅沥沥的春雨，撑一把油纸伞，穿过那长长的古巷，在慢时光里，追寻永阳的记忆。

三状元坊（正面）

这条古巷便是新安巷。沿着青石板铺成的小路前行，在小巷的尽头"仰止楼"下驻足，一转头便望见右侧的"景行书院"门前，昂然矗立着一座崭新的青石牌坊。远远望去，它并不起眼，绝没有北方牌坊的富丽堂皇、气势恢宏，给人以震撼之感，却隐隐透着江南建筑的婉约之韵，它就是"三状元坊"。

这座坊重建于 2018 年,四柱三间三楼式结构,古朴青灰的色泽,让它看起来显得庄重而典雅。牌坊正中的"大额坊"正面镌刻着"三状元坊"四个大字。这是本土书法家林铁肩老先生的作品,他的字骨力遒劲,结构严谨,又不失潇洒清秀。大额坊的反面题写着"文苑"二字。牌坊底楼左右两侧的两个"小额坊"则是刻着四个联句,正面是"四海合源"、"道南彰显";反面为"凤毛齐美"、"清风骏集"。

三状元坊(反面)

牌坊的四根条柱正反两面各有两副对联。正面是"两宋一朝文脉动,七年三度状元来"和"继邹鲁斯文一脉,开永阳景运千秋",其中"七年三度状元来"的联句来历还有故事呢!据说时任县令得报黄定高中状元时,即兴赋诗:"翀峰龟岭与龙屿,三处山川实壮哉。相去之间不百里,七年三度状元来。"反面的两联,其中一副"景仰文章岂能安现状,行藏道德不可负黎元",你发现了吗？它是"景行"的藏头联,有意思吧!另一副"问天下状元几见蝉联三度,愿永阳学子都将鹰扬四方",大家一定耳熟能详吧!因为它也出现在永泰实小旧校区的后门呢!

牌坊上的纹饰图案也很讲究,顶楼正中的花板刻有"双龙戏珠"的浮雕,其他的斗拱、横槛还刻有"威凤祥麟"、"鱼跃龙门"等字样。它们都蕴含着美好的寓意。

一座小小的牌坊,集诗词、书法、绘画、建筑艺术于一身,彰显独特的文化魅力。

永泰历史上,曾出过科举状元五人,包括文状元萧国梁、郑侨、黄定,武状元柯熙、江伯虎。此外,另有文武释褐状元张景忠、黄东叔等,尤其是在南宋乾道年间,七年连中三科状元,是名副其实的"状元之乡"。

而状元坊也曾遍布永阳古城的东南西北,能找到史料记载的就有七座,成为世人传颂至今的佳话。在民国版《永泰县志》中曾有记载:

东状元坊,在县治东,为宋乾道二年(1166 年)状元萧国梁立。

西状元坊,在县治西,为宋乾道五年(1169 年)状元郑侨立。

状元坊,在一都,为宋乾道八年(1172 年)状元黄定立。

武状元坊,在八都,为宋淳熙十一年(1184 年)武状元江伯虎立。

太学两优释褐状元坊,在二十五都,为宋释褐第一人张景忠立。

武释褐状元坊,在十三都,为宋武释褐第一人黄东叔立。

三状元坊,在县南门内,为萧国梁、郑侨、黄定所建。

状元坊曾是永泰老城独一无二的标识,建在老城区的三座状元坊,已随着老城一同消失,淹没在历史的长河中。

**读一读**

## 关于"牌坊文化"

牌坊是中国特有的一种门洞式建筑，历史悠久，源远流长。在中国的牌坊发展史上，出现了 20 多种形式各异的牌坊，如寺观庙宇牌坊、宫室殿堂牌坊、商场店肆牌坊、甲第牌坊、旌功牌坊等，有的建在庙门、衙门或祠堂门口，有的则建在街口，展现了中国古代社会的民风民俗、宗教色彩、重要历史事实等，通常是封建时代表彰忠孝节义、功德、科第等所立建筑物，主要承载着表彰、纪念、宣扬、标榜功能。

其中，状元坊就属于牌坊中的"甲第牌坊"一类。在封建社会，立牌坊能让人"美名远扬"、"流芳百世"。因此，常被用来旌表褒奖功臣、良将、贤士、科甲俊才、节妇、孝子、善人、义士等。特别是在明清时期，立牌坊成为一件极为隆重的事，是由各级官府乃至最高封建统治者来控制的一种官方行为，状元坊通常由地方官府按规定官方出资兴建。

**背一背**

同学们，建于新安巷的"景行书院"门前的"三状元坊"上有四副对联，你还记得这些对联的内容吗？试着背一背吧！

走一走

　　找些时间,和爸爸妈妈一起漫步永阳古城的新安巷,去看一看重建的"三状元坊"吧!

# 第 2 课 世科里

清河家声远，凤池世泽长。

世仰高山望族，代传金鉴名科。

在永泰县永阳古城里，有一座蕴含着丰富历史文化底蕴的古厝。这就是坐落于登高路的"世科"大宅院，永泰本地人俗称"世科里"。

世科大门

"世科里"为明代建筑，坐东朝西，由照墙、门庭、石铺庭院、前后座厅堂组成。前座厅堂面阔七开间，进深三间，硬山顶，堂石砌台十分规整。后座厅堂与门前照墙毁于明倭乱。门亭立于前墙左边，单开间，歇山顶。整体建筑规模宏大,木雕精美,如世德堂、贻远堂和花翎厅等三进厅,飞檐翘翼,古朴典雅,宽敞明亮。祖厝大门口上方,竖立着一块大横匾,上书"世科"二字,苍劲有力,熠熠生辉,格外引人注目。关于"世科"这块匾额还有一段佳话传颂至今呢!

世科匾额

永泰县登高山张姓入闽始祖张睦,河南固始人,唐昭宗时,从王审知入闽,助王开疆理域,功德显耀。闽人追思盛德,塑像立祠于福州还珠门春风楼前,春秋祭祀。传庑、膺、赓。庑仍住福州,并繁衍各地。膺、赓迁永泰月洲。赓次子可义,可义子钊,次子五世仕儒为高山祖。仕儒次子播,播子七世佑之始迁樟城登高山,后繁衍分住樟城各地,至今已传至四十一世。

膺、赓迁永泰月洲,从事耕读,蕃荣子孙,其中历有出仕当时,忠君报国,丰功厚德,代不乏人。如张睦九世孙元幹,宋著名爱国词人,流芳史籍。其曾祖昌龄官都御史,祖父肩孟,宋皇祐五年(1053 年)进士,官朝奉郎,赠少师,谥文靖。生五子,相继登进士榜,时有"丹桂五枝芳"佳誉。父张动尝官河北于邺,知福建建州,均有显绩,后官至龙图阁直学士。

状元进士匾额

佑之迁居高山,寻辟蹊径,开拓进取,子孙枝繁叶茂,花艳香浓。十三世景忠太学两优释褐状元,授翰林编修、秘书少监。嗣后代代均有名登科甲,人文鼎盛。明代永乐至天顺年间,泗、铎、璟三代接连登榜,廿四世启睿、启通、启建、启鲁;廿五世世寀、世樑、世堪、世任,堂、从兄弟先后登榜……故有"状元一代开基,解元十科继踵",接武扬芳,文明传家,誉显当时。明成化十五年(1479 年),十九世张铎、张璟父子为了缅怀祖先厚德,同时为了纪念世世代代均出科举官员之事迹,在城关原南门十字街(现今中国农业银行永泰支行)右侧地方,建造世科坊,并悬挂"世科"匾额。明崇祯五年(1632 年),张启建赴任河南永宁知县时,族人将"世科"坊匾额移至今登高山张姓祖厝大门口,并载入县志。登高山张氏祖居之地也被誉称"世科里",在县内外广为流传。

"文化大革命"期间,"世科"匾额被毁,1998年8月张则韩又按原貌重新修制。

2007年5月,永泰县人民政府下发文件,"世科"被列入县历史文物保护管理单位,至2010年3月立碑纪念。这就是闻名县内外的"世科"大宅院,至今有五百多年的历史,是张氏一族源远流长的见证。

## 走一走

"世科里"登高山张氏宗祖,在历史长河里,既有显宦乡贤,更有文人名士,他们都在不同年代里,为国家、社会、乡里做过许多值得称颂的好事。

璟授浙江归安知县,"清慎公勤,铲宿弊,抑豪强,发奸摘伏",政声誉江南,卸任时民众载道欢送,排设香案,置圆镜一面、清水一杯、花瓶一樽,扬公德。

文熊署江西分宜训导,"赋性刚方,轻财好义"。

定远"见义勇为,诉诸抚宪,革除阳歧买路钱弊端","倡举织局",首创永泰县小工业。

嵩涛创办高山国民小学,奠定永泰基础教育……

同学们,学完本课,请利用周末的闲暇时光与家人一起走进永阳古城里,寻访"世科里",找一找还有哪些名人轶事。

**背一背**

　　楹联是中国传统文化的瑰宝。2005 年,国务院把楹联习俗列为第一批国家非物质文化遗产名录。"世科里"古厝门楣、柱子上也有不少文人名士留下的楹联,同学们赶紧读一读,背下来吧!

　　1. 清河家声远　凤池世泽长

　　2. 代著千秋鉴　人居第一山

　　3. 云山起翰墨　星斗焕文章

　　4. 世仰高山望族　代传金鉴名科

　　5. 夜半听松风竹韵　午余试枕味茶香

　　6. 泽润八闽运筹榷货　功垂千古辅弼开疆

　　7. 由固始以宅登高长贻燕翼　面双溪而枕极乐永启鸿基

　　8. 太师三公接武少师五子同朝　状元一代开基解元十科继踵

**说一说**

　　永泰县人杰地灵,在我们的身边还有许多像"世科里"这样有文化底蕴的古厝,请你也来说说吧!

**资料袋**

## 世德堂

明万历四年（1576 年）丙子春祖厝修建，当时，永泰县知县陈克侯（岭南人，今广东佛山市顺德区人）为纪念登高山张元相生辉百岁，赐制"世德堂"匾额祝贺。

## 贻远堂

贻远堂，俗称世科里旧厝、新厝。29 世祖张光玺为了怀念 24 世祖张启通（1615 年）赴任江苏盱贻知县，于清道光十九年（1839 年）建成旧厝，建造"贻远堂"匾额祝贺。右邻新厝，由 31 世张瑞芝（字曰莱）于清光绪十六年（1890 年）兴建，并撰写对联"由固始以宅登高长贻燕翼，面双溪而枕极乐永启鸿基"。

## 花翎厅

花翎厅于明天启元年(1621 年)由 24 世张启建在贡生升任河南永宁知县前兴建,后因年老隐居于十都草堂(今台口村井里),让近亲居住。

# 第3课 新安巷

古街幽幽新安巷，人杰地灵传四方。

永阳状元精神在，一草一木皆书香。

"新安巷"又叫"新安古街"，也叫"新安古巷"。据记载，新安巷起于永泰城关村加工厂，止于二十一层崎，巷宽4米，全长170米，是清至民国初期永泰城区的主要街巷之一。保留"新安古井"、"林氏宗祠"、"仰止楼"等遗迹。

永泰第一本县志（明万历年间）对此巷有记载，新安巷古街是围在城墙内最中心的街巷，为永泰八大巷之一，路面用方石、条石铺设，民居建成合掌街，三教九流、大商小贩云集于此。沿途牙医、择日馆、理发店、杂货店、棋牌室、棕绳社、糕饼店、米酒铺、青草药摊、补鼎打铜担、百货走乡担、碾米厂等应有尽有。每遇婚丧嫁娶，鞭炮、锣鼓、乐器闹翻天。

由于岁月的侵蚀，原来新安巷部分街面呈现出墙面斑驳、脏乱不堪的面貌，为还原新安巷古街繁荣面貌，永泰县分别于2012年和2018年两次启动新安巷改造工程项目。

街区运营部在深入挖掘街区文化特色和建筑风貌的基础上,引入文化展示、体验、休闲、创意等符合新时代要求的业态,通过街区老字号、传说故事、名人故居等,将其打造成为永泰县最能展现老城味道和地方特色,延续老城记忆和地方文脉的集中展示区。首批16家特色餐饮企业宣布入驻新安古街,经营项目包括永泰特色小吃、台湾手抓饼等各种特色餐饮,以及茶馆、咖啡馆、酒吧等休闲娱乐项目,为游客提供一站式美食及休闲服务。

街区运营部

　　在古街的核心区,大片古建筑都已修葺一新。沿路古井、庭院、石板路展现出古巷独特的风姿神韵。美食、购物、休闲、音乐,是古街的四大核心元素。500米街区所凝结的文化特质得以更完整地保留下来。

　　三年内,永泰还将结合旧屋区改造项目,启动古街二、三期工程建设,将永泰新安古街打造成特色鲜明的"永泰文化符号",成为"永泰的南后街"。

**读一读**

你知道新安古街早年的样子吗？旧时是方石、条石铺就的路面，住着合掌街的居民；三教九流、大商小贩云集，巷内有青草药摊、补鼎打铜担、百货肩挑、牙医店、择日馆、理发店、杂货店、棕绳社、糕饼店、米酒铺等，这些景象如今早已不见踪迹了。

**查一查**

从新安古街走出的名人，你认识多少？试着查一查资料，了解他们的故事。

**走一走**

找些时间和爸爸妈妈一起漫步在新安古巷，拜谒小巷里先哲们的故居，寻找小巷未知的秘密。

# 第二单元　书院拾贝

## 第 4 课　爱国词人张元幹

梦绕神州路。怅秋风，连营画角，故宫离黍。底事昆仑倾砥柱。九地黄流乱注。聚万落千村狐兔。天意从来高难问……举大白，听金缕！

桃花溪畔，一曲宋词荡回肠，道不尽国事家事许多情。

张元幹（1091－1161 年），字仲宗，号芦川居士，福建永福（今永泰嵩口月洲村）人，著有《芦川词》《芦川归来集》等，其词多慷慨郁勃之气，豪迈刚健，自成一家，为南宋爱国词人的先声。他与张孝祥一起号称南宋初期"词坛双璧"。

都说地灵人杰，你瞧！一道溪水勾勒出半月形的沙洲，红艳的桃花，淡雅的李花，偎着院落，忙趁着东风竞相绽放，绿苔青砖。这儿，就是著名宋代词人张元幹的故居！

张元幹的故乡

　　张元幹故居"半月居",为明末重建,保留着早先的模样。屋子不大,一小厅堂,四间厢房,简约朴素。月洲不乏大官,独少了深院大宅。屋前只一小庭院,却觉得天地朗阔。屋前有一潭,曰"蛰龙潭"。潭边有一小亭,名"水月亭",平日里自是孩童嬉戏、学子歇憩之所。溪边凿有

一溜子"雪洞",雪洞为石块砌就,形似小屋,不设门户,冬暖夏凉,一人一室。"雪洞"意为读书人须将自己"雪藏",平心静气。沿雪洞抵达村子前头,略略隆起的山冈上,耸立着一座气势不凡的建筑,这就是寒光阁。门柱上的对联为张元幹祖父张肩孟所撰:"君看异日擎龙首,尽是寒光阁上人。"此对联意在督促家族子弟饱读诗书,以真才济世,爱国词人张元幹就曾于此苦读。

张元幹幼年读书处——寒光阁　　　　　　雪洞

靠近这美丽的月洲,去感受一代词人儿时研学的故事,去倾听这位伟大词人的生平历史,去接受词文化带给我们深刻的影响!

张元幹出身书香门第。其父名动,进士出身,官至龙图阁直学士,能诗。张元幹受其家风影响,从小聪明好学,永泰的寒光阁、水月亭是他幼年生活和读书处。十四岁起,张元幹开始跟随父亲的宦迹游学天下。他先到了政治、经济、文化、军事的中心地邺城,在这里他不但开拓了视野,领略了传统文化的博大精深,自身知识水平也大幅度提高,诗词创作才华开始显露。

张元幹一生遇到三位重要的老师——北宋著名诗人徐俯、名臣陈瓘、宰相李纲。在他们的影响下,张元幹不仅诗文大有长进,是非鲜明的政治立场,刚正不阿、以廉立身的思想修养同样固根培本,大得裨益。

二十五岁时,张元幹经过殿试进士及第而授官,开始走上仕途。当初以真才济世的壮志终于有了实现的机会,他疾恶如仇,最恨贪官污吏营私舞弊,在担任抚谕使时,每至一地,必肃清吏治,革除弊端。因为表现突出,获御赐金牌"虽无銮驾,如朕亲临"。

金牌"虽无銮驾,如朕亲临"

但是张元幹为官之时，北宋朝廷正处于走向衰落、风雨飘摇的多事之秋，官风不正，腐败现象严重。张元幹为官忠直，不愿趋炎附势，所以一直没有得到重用。宋靖康元年（1125 年），金人大肆进攻宋朝，宋军节节败退。宋徽宗匆忙传位钦宗，自己却逃到镇江。此举让京师震动，一些朝臣贪生怕死，也纷纷携眷逃跑。张元幹立即向朝廷上了一封《却敌书》，建议朝廷处置那些败坏朝纲的佞臣，同时积极抗战，以安黎民百姓。

不久，李纲临危受命，张元幹协助李纲抗击金兵。他们冒着生命危险亲临城上指挥杀敌，打退金兵多次进攻。同年六月，李纲因坚持抗金反对割地求和，被奸臣排挤出朝，作为李纲得力助手的张元幹也被贬。

宋建炎三年（1129 年），张元幹再次被起用，但很快就因为遭谗受谤再次被闲置。同年，宋高宗再次南逃，国家政权分崩离析。张元幹依然跟随高宗，其忠诚之心，溢于言表。

宋绍兴八年（1138 年），胡铨上书反对与金人议和，并请斩奸臣秦桧等人，以谢天下。秦桧恼羞成怒，将胡铨当即除名，与胡铨关系密切者亦重加贬谪。平时胡铨之亲党纷纷避嫌畏祸，不敢言语，而唯独张元幹敢于挺身而出，不顾个人安危，写下了慷慨激昂的《贺新郎》送别胡铨。

## 贺新郎·送胡邦衡待制赴新州

梦绕神州路。怅秋风、连营画角，故宫离黍。底事昆仑倾砥柱。九地黄流乱注。聚万落千村狐兔。天意从来高难问，况人情老易悲难诉！更南浦，送君去。

凉生岸柳催残暑。耿斜河、疏星淡月，断云微度。万里江山知何处？

回首对床夜语。雁不到，书成谁与？目尽青天怀今古，肯儿曹恩怨相尔汝！举大白，听金缕。

　　张元幹的学问很受当时人们的称许。他博览群书，成就于词作，他的词收在《芦川词》《芦川归来集》中。张元幹最负盛名的两首词，为两首《贺新郎》，被纪晓岚称为"压轴之作"。

《芦川归来集》

　　"十里竹林到月洲，一溪桃花伴芙蓉"，每一句传诵千古的诗词背后都有一个动人的故事，历史永远记住他——爱国词人张元幹。

**探一探**

　　让我们来到历史文化村落月洲村，去聆听、去探寻爱国词人张元幹更多的故事吧！

## 说一说

作为一名景行学子，从宋代词人张元幹身上，你学到了什么呢？

## 诵一诵

张元幹最负盛名的两首词《贺新郎》你会诵读吗？你还知道他的哪些诗词？赶紧和身边的小伙伴分享吧！

# 第5课　包干臣建孔庙

　　孔庙，即孔子庙，又称作文庙，是纪念和祭祀孔子的祠庙建筑。由于孔子巨大的影响力，从公元前三世纪开始，就建有奉祀孔子和传播其儒学思想的专门场所。唐宋时期，尊崇孔子的风气日盛，朝廷要求各州、县均设立州学、县学，建孔庙。孔庙在历代王朝更迭中又被称作文庙、夫子庙、至圣庙、先师庙、先圣庙、文宣王庙等，尤以文庙之名更为普遍。文庙已经成为奉祀孔子及先贤、先儒和传播儒学的专门场所，也是传统文化、传统礼仪活动的重要场所。

　　我们的家乡永泰，也有这样一座重要的建筑，它坐落在县人民政府大院后部，庙堂宽敞，庭院深深，飞檐斗拱，红墙黄瓦，蔚为壮观。大家知道它的来历吗？

　　据史料记载，宋崇宁元年（1102 年），有本县的士绅政商倡议始建

儒学,这就是文庙的前身。元朝、明朝曾几经毁建,数度重修。清道光十一年(1831年),包干臣(安徽泾县人,生卒年不详)任永福(永泰)知县,了解到永泰县宋代人文鼎盛,而县学孔庙却破损不堪,为了祭祀南宋"连科三状元"萧国梁、郑侨、黄定,鼓励永阳学子发愤学习、励精图治,包干臣携同本县绅士陈元封,倡议修建孔庙和"三元祠",并带头捐出白银1000两。全县商、学各界纷纷解囊赞助,共筹集白银23000多两。在他的主持下,孔庙得以全面修复,并在大樟溪南岸塔山上兴建起"三元祠",又利用剩余资金和石料,建成联奎塔,希望本县士子能学习三状元,奋发图强。此后,在他的影响下,本县各式私塾大增,道光末以及咸丰、同治间,全县参加岁试的学童多达1000多人,文风大盛。

文庙建筑有严格的等级规制,全国各地文庙建筑均以山东曲阜孔庙为蓝本,但各地文庙建筑规模大小不等。永泰县文庙属县级,经知县包干臣主持修建后,拥有了一般县级文庙的等级体制:从前往后共三进,依次有照墙、棂星门、泮池、大成门、两庑房、大成殿和启圣祠(后

堂），大成殿左旁建有尊经阁。由于历史自然和人为因素，现仅存大成殿和启圣祠。

近年来，永泰文庙依托县孔子学会进行管理，向公众开放，成了一个重要的德育教育基地。

学校是最重要的育人场所。我们秉承了至圣先师孔子的教育理念——"高山仰止，景行行止"作为我们的校园文化主题。走进永泰县实验小学本部校区大门，就来到孔子广场，一抬头便看见孔子的塑像，他正慈爱地俯视着景行学子们。每年，景行学子都要在这里举行隆重的孔子诞辰纪念暨一年级新生"开笔礼"、六年级毕业生"成童礼"仪式。同学们，你们在参加这些仪式、活动中都学到、想到了什么呢？

**想一想**

包干臣是什么人？他做了什么事？对我们的家乡永泰有什么贡献？

## 研一研

同学们,学完本课,可以利用课余时间和家人一起到文庙走一走、看一看,实地了解文庙的建筑规模及特点;到文庙拍一拍、画一画,带着问题,来一次"家门口的研学"。

问题1:永泰文庙的建筑有哪些特色?

问题2:你知道永泰文庙平时都有开展哪些活动吗?

问题3:你能说一说永泰文庙的历史渊源吗?

问题4:结合我们的校园文化,谈一谈你都学到了哪些传统礼仪。

## 📖 资料袋

2000多座孔庙分布在中国、朝鲜、日本、越南、印度尼西亚、新加坡和美国等国家,中国国内有1600多座,但目前国内保存较好的孔庙只有300余座,被列入国家重点文物保护单位的有21座。其数量之多,规制之高,建筑技术与艺术之精美,在我国古代建筑类型中堪称"最为突出的一种",是我国古代文化遗产中极其重要的组成部分。其中,南京夫子庙、曲阜孔庙、北京孔庙和吉林文庙并称为"中国四大文庙"。

永泰文庙坐东北朝西南,占地面积1500平方米,1987年3月被列为县级文物保护单位,分别于1989年、1992年重修。2007年4月至2009年12月,中共永泰县委、永泰县人民政府募得资金投入文庙的修缮工作,历时三载,较为完整地恢复了永泰文庙的历史原貌和建筑风格。2018年6月至10月,县委、县政府又再度对文庙局部进行修缮。

# 第6课　抗倭英雄周焕

### 学一学

　　明嘉靖三十八年（1559年）5月，倭寇纠集一千多人，打劫掠夺福州洪塘一带后，沿大樟溪到台口，逼近永泰县城。当时城内没有常驻守兵，城墙也年久失修。新到任不久的县令周焕，得到消息，决心与城池共存亡，他一边督促民众修补城墙，一边备战。

　　其实在倭寇攻城前夕，有兵备使率兵千人自泉州借道永泰去福州，就驻在永泰县城。得知倭寇将来袭击，周焕及民众苦苦挽留兵备使一起御敌，紧要关头，兵备使竟不顾满城百姓性命，引兵去福州了。

　　倭寇攻城时，周焕毅然率领守城的军民与倭寇殊死作战。东南兵民协力防守，伤毙倭寇一百多人，在敌众我寡的情况下，坚守城池七天。后来因为东楼失火，浓烟滚滚，西北守兵以为城池已被攻陷，遂用绳索缒（zhuì）下城墙逃离。训导黄绍夔（kuí）、监生张宗尧守西门，也相继放弃防守。东南本来坚守有力，因为寡不敌众，县城沦陷。周焕仍然与乡宦视死如归，巷战到最后一刻，最终势单力薄，在东楼被捕。周焕凛然不屈，在新安巷被杀害。

　　倭寇陷城后，大肆杀人放火，杀死民众300多人，烧毁房屋600多间，并以县城为据点，四处劫掠。经过此劫，加上三年后的贼乱，永泰境内一片萧条。据旧县志记载，经元朝后，永泰元气大伤，人口锐减。

　　为纪念这位抗倭英雄，知县陈克侯于明隆庆六年（1572年），在县城西关内建"周公祠"。可惜的是，"周公祠"不知什么时候倒塌毁坏，永泰人也渐渐淡忘了这段历史，但周焕舍生取义的精神代代相传，永不磨灭。

周公祠

**说一说**

把周焕的故事讲给家人或街坊邻居听,听听大家对周焕的评价。

**读一读**

查找古今中外舍生取义的英雄故事读一读。

# 第7课　铁骨忠臣黄龟年

**学一学**

　　他与彩虹相伴而生,充满传奇色彩;他不畏权贵,凭一己之力四次弹劾臭名昭著的大奸臣秦桧而名闻天下;他文采斐然,作品入选《全宋诗》和《全宋文》;他铁骨铮铮,忠勇爱国,是永泰早期的大名人,也是历史上的名臣——黄龟年。

　　黄龟年(1083－1145年),字德邵,永泰县城北门龙井厝(今樟城镇北门路23号虹井厝)人。据说他出生时,从天边到他厝内古井架起了一道绚烂的彩虹,无比壮观。家里人认为这是好兆头,此儿非同寻常,日后必有大建树。后来黄龟年果然不负众望,成为南宋一代名臣。于是人们将此井称作"虹井",所在街道也叫"虹井街"。

虹井

黄龟年未出仕时，永福（永泰）主簿李朝旌赏识黄龟年的德才，把女儿许配给他。他出仕后，李朝旌不幸离世，家道中落。有人劝黄龟年另娶富家之女，他说："当年我对李主簿许下诺言，现在如果乘他离世而辜负了他，那我将以何面目存于世间！"他毅然实践诺言，娶了李氏女，生活幸福美满。黄龟年性情忠义正直，有人举荐他的儿子，他认为弟弟的儿子更优秀，于是极力举荐弟弟的儿子。

黄龟年画像

当时金人入侵，南北宋交替，国势危急，朝廷上主战、主和两派斗争不断。为维护国家尊严，保持国土完整，黄龟年坚定地加入主战派。他坚决反对割让河北三镇，受到人民爱戴。宋绍兴元年（1131年），秦桧官拜右相，一心与金国议和，满朝文武未能识破秦桧的卖国阴谋。此时，只有黄龟年看穿他的卖国真面目，斥责秦桧的投降政策，说他有王莽、董卓之相，有异心之人，将祸国殃民。秦桧一党对黄龟年又惧又恨。

宋绍兴二年（1132年），黄龟年首次上疏弹劾秦桧"专主和议，阻止恢复，植党专权"的野心。这一次的弹劾，使秦桧很快被罢免了宰相，但仍然身居高职。黄龟年又连续两次上奏疏弹劾，列举事实，揭发秦桧徇私欺君、无所顾忌、矫言伪行、朋比为奸等罪行，宋高宗终于褫夺秦桧一切官职，并在朝堂张榜公布，永不起用。黄龟年第四次上疏，请求将秦桧罪状公布天下，彻底粉碎其阴谋，绝天下之患。无奈，君王昏庸，秦桧余党势力强盛，此次上疏未被采纳。

秦桧重登相位后，疯狂报复，极力残害忠良，排除异己，他诬陷黄龟年"附丽匪人，缙绅不齿"，黄龟年被罢免官职，逐回原籍，于第二年病逝。

历史的审判是公正的，千百年来卖国求荣的秦桧被钉在了耻辱柱上，而黄龟年忠勇爱国、不畏佞恶的精神，直到今天还激励着后人。家乡人民为纪念黄龟年，将他入祀"乡贤祠"。

黄龟年故居

**背一背**

# 赠晋水师

黄龟年

文衡卓卓擅英声,相与明簪笑语清。

报国共盟推毂志,五湖敢美一舟轻?

作者写这首诗赠给高僧晋水师,共勉报国之志。他与晋水师以文结友,成为同道,友情十分深厚。他们共同立誓,互相帮助,忠心报国。此诗表现了作者始终不渝的忠贞爱国思想和刚强正直的品格,可与作者四劾秦桧疏相互辉映。

**说一说**

读完名人故事,说一说黄龟年最令你佩服的是什么。

**走一走**

抽空和爸爸妈妈一起漫步北门路 23 号虹井厝,拜谒名人故居,找寻未知的秘密吧!

# 第8课　武状元柯熙

**学一学**

　　永泰乃武术之乡,自古有习武的传统,早期人们习武大多为强身健体或看家护院。永泰历史上第一位武状元是谁呢?他就是生活在宋朝绍兴年间的柯熙。

　　柯熙(生卒年未详),字嘉仲,永福(今永泰)县城古井(玉井)厝人。宋政和二年(1112年)壬辰科进士,宋绍兴十八年(1148年)戊辰科武状元,殿试时策入优等,武艺超群,累官光禄大夫、都督、成忠郎,赐御书"礼部廷试"、"射策金门"匾额,敕建状元府第。

　　《宋会要辑稿补编》有载:"(绍兴)十八年四月三日,上御集英殿策试武举进士。四日,上御幄殿阅视武举弓马。十八日,尚书省言拟列武举进士柯熙以下八人推恩,正奏名七人策略入优等……"宋朝那时的武举考试,先考策论,再考弓马。策论就是军事策略,弓马是指骑马射箭泛指武术。"以策论定去留,以弓马定高下。"军事策略考不过关,就没有资格参加第二场的武试,所以并不只是考校武力。由于宋朝那时重文轻武,策论、弓马都过关了,仍是"策优艺平"者高于"策平艺优"者。意思是策论水平高的更优于弓马高分的。那年四月三日,皇上在集英殿策试武举进士。四月四日,皇帝在幄殿检阅武举射箭骑马等武艺。十八日,尚书省发文拟录取武举进士柯熙等八人,正式将七人的策略列入优等。至此,柯熙成为永泰历史上第一个武状元。

　　柯熙高中武状元后,初授保义郎,"保义郎"是武职散官,正九品。从宋绍兴十八年(1148年)到宋绍兴二十六年(1156年),柯熙任什么实职,史料没有记载,宋绍兴二十六年(1156 年),南宋恢复武学,柯熙任武学谕。宋朝的武学,一般设置武学博士、武学谕两种官职。武学谕即武学教官,教学生"兵书"、"弓马"及其他武艺,始设于北宋元丰年间,北宋时设二人,南宋设一人,一般由武举出身者担任。柯熙最后官做到成忠郎。宋朝的武散官,有品的分五十二阶,其中的保义郎五十阶,成忠郎四十九阶,均为正九品。

柯熙是永泰第一位状元,也是第一位武举及第。柯熙为永阳习武之士开辟了一条科举致仕之路。在他的影响下,永泰习武之风更是盛行,仅南宋一朝永泰就有 33 人考中武进士。特别值得一提的是三十多年后,永泰还出现了一位文武双全的奇才武状元江伯虎。

## 想一想,查一查

1. 永泰县第一个武状元是谁?

2. 有人说,关于宋政和二年(1112 年)壬辰科进士的柯熙和宋绍兴十八年(1148 年)戊辰科武状元的柯熙不是同一人,你们认为呢?想一想,查一查。

## 资料袋

根据福建文史馆馆长卢美松主编的《福建历代状元》一书,收录有据可考的武状元 25 人，永泰只有 2 人，分别是柯熙和江伯虎。

江伯虎（字君用，今永泰县丹云村人），宋淳熙八年（1181 年）辛丑科武举状元。江伯虎本名江南强，伯虎是宋孝宗皇帝放榜时的御赐之名。由于宋朝重文轻武，他在中武状元三年后，又考中了文进士，成为中国科举史上第一个"武状元、文进士"，于是名震天下。江伯虎对历代兵书了如指掌，曾经为我国第一部武学教科书《施氏七书讲义》作序，是个文武双全的奇才。按理，这样一个武艺高强、谋略出众的文武双全状元，在宋金对峙的时代，该是大有作为。但是，整个宋朝重文轻武，武将社会地位低下，即使像狄青这样屡建战功的名将，官至枢密使，也备受朝廷猜忌，导致最后抑郁而终。就是岳飞最终也被"莫须有"的罪名而遭杀害。在这样的社会现实下，江伯虎审时度势，自负有文学才华，最终弃武从文。江伯虎官终朝散郎（从七品）。他的弟弟叫江伯夔（kuí），在宋淳熙十四年（1187 年）也考中了武举第二名。江伯虎、江伯夔兄弟演绎了"兄状元、弟榜眼"的传奇，成为一时佳话。

# 第9课 画家柯祺

**学一学**

永泰历史悠久,人杰地灵,人文荟萃,人才辈出。宋张元幹的词,清黄任的诗、柯祺的画,均名噪一时。

柯祺生卒年不详,字孔章,号芝林,清嘉庆十八年(1813 年)拔贡(科举制度中由地方贡入国子监的生员之一种,相当于保送生或推荐生)。他家坐落于登高山麓西南角的一座私塾,斜对面就是一代名宦黄龟年的宅第虹井厝。

私塾先生柯祺不畏强权,在乡间除了教书、画画,也常帮乡亲打官司、写诉状。他曾写过这么一副对联:"枪刀剑戟鞭铜棒,诗词歌赋文章状。"字里行间透露出柯祺性情正直、个性桀骜,且不与世俗同流合污的作风。

柯祺擅长画兰花,他作兰花图喜题小诗,从不雷同。他的水墨兰花作品颇受欢迎。20 世纪 90 年代,福州画家梁桂元编了一本《闽画史稿》,上下几千年闽籍画家尽收其中。书中有一段记载画家柯祺的条目,并附柯祺一幅水墨写意兰花。画作于清道光二十三年(1843 年),除大字隶书签写画题外,还以行书题小诗,足见其才情与张狂个性。

《闽画史稿》洋洋大观,上下几千年画家尽收其中。永泰古代画家除了柯祺,还有三位白云黄氏族人,他们是黄璡、黄任、黄步香。

读一读

柯祺所作兰花图

# 画　兰

柯祺

一

楚畹何如墨圃栽，生机得自化工来。

心苗一点灵苗苗，趁着东风次第开。

二

兴致淋漓尺幅长，萧斋不啻种沅湘。

窗棂四辟当风坐，知是花香是墨香？

三

幽姿逸致自婆娑，阵阵香风鼻观过。

每拟邀人参气味，其如逐臭俗夫多。

**查一查**

　　永泰古代画家黄璟、黄任、黄步香，他们各擅长画什么？永泰在近代有哪些画家？

**说一说**

　　画家柯祺给你留下怎样的印象？向你的家人介绍你了解到的永泰画家。

# 第三单元 我的"大实小"

## 第 10 课 我爱"诚勤雅乐"章

**学一学**

班主任洪老师宣布:"明明同学在本学期的研学旅行中表现突出,夺得'研旅之星',让我们用热烈的掌声向他表示祝贺!"

好友小刚激动得拍手叫好:"明明,你也太厉害了吧! 你在二年级时已经获得'君子之星',这个学期又夺得'研旅之星',你是我们学习的榜样!"

明明被表扬得脸都红了,他语气坚定地说:"我的终极目标是'诚勤雅乐'章,离目标还很远呢,我还要加倍努力!"

同学们,到底什么是"诚勤雅乐"章呢? 让我们一起走进景行校园探个究竟吧!

如果你想要争得"诚勤雅乐"章中的任何一枚章,至少要获得这枚章中不同的两颗星或是同一颗星两次。明明同学在二年级和三年级的时候分别被评选为"君子之星"和"研旅之星",但由于"君子之星"和"研旅之星"分别属于诚信章和勤奋章,所以他还未实现"争章"目标。

新学期开学了,他在"夺星争章"中再次申报了"君子之星"和"研旅之星",希望通过自己的努力,在研学实践方面和品德修养方面能够更上一层楼,争取早日拿下"诚信章"和"勤奋章"。中、高年级时,他还要力争夺得"雅习章"和"乐观章",争取做一个十全十美的景行少年。

"夺星争章"目标表

| 创星项目 | | 我要"争章" |
|---|---|---|
| 诚信章 | 君子之星 | 胸怀宽广、言行一致 |
| | 友善之星 | 和睦相处、宽以待人 |
| | 孝敬之星 | 孝顺长辈、尊敬师长 |
| 勤奋章 | 智慧之星 | 刻苦学习、成绩优异 |
| | 艺能之星 | 才艺突出、特长过人 |
| | 研旅之星 | 勇于实践、善于创新 |
| 雅习章 | 礼仪之星 | 仪容优雅、文明礼貌 |
| | 守纪之星 | 遵守秩序、言行自律 |
| | 环保之星 | 爱护公物、保护环境 |
| 乐观章 | 朝阳之星 | 阳光合群、自信向上 |
| | 卫健之星 | 讲究卫生、身心强健 |
| | 互助之星 | 友善待人、助人为乐 |

**想一想**

## 景行"夺星争章"小达人

对照"夺星争章"目标表,想一想,怎样可以获得"诚勤雅乐"章?

问:"争章"的第一步是"夺星",我该怎样获得"君子之星"呢?

答:"朝阳气息,君子风范"是我们实小的学校精神。"君子之星"是授予具有像君子一样胸怀宽广、言行一致的人。如果你心中有集体,不计较个人得失,那么"君子之星"就非你莫属啦!又比如"研旅之星",是授予在研学旅行实践中勤于动脑、勇于创新的学生。如果你能在研学旅行实践中进行创造性学习,并乐于和大家分享你的学习成果,那么你就是下一个"研旅之星"了!

问:是不是夺得"君子之星"、"友善之星"、"孝敬之星"的其中两个就可以获得"诚信之星"了呢?

答:是的,每枚章都含有三颗星,只要夺得这枚章中不同的两颗星或是同一颗星两次,就可以获得这枚章了。

问:如果我这个学期获得了"环保之星",那么下个学期"夺星争章"目标是不是就只能申报"雅习章"里的星?

答:也可以申报其他章的星,但要想尽快夺得"雅习章",就必须先将目标锁定在"雅习章"中的其他两颗星。

问:哦,明白啦,可以先获得"雅习章"后,再申报其他章的星。

答:是的,让我们一起努力做一个十全十美的"诚勤雅乐"景行美德少年。

## 写一写

在小学六年的"雏鹰争章"之"景行美少年夺星争章"活动中,通过自己的努力,夺得各类"星"换取各种"章",争取在毕业的时候集齐一整套,作为小学阶段最美好的回忆。请同学们根据自己的实际情况制订目标,把想要达到的目标写在"我的夺星争章"计划表里。

## "我的夺星争章"计划表

计划_____年级第一学期获得"_____之星";计划_____年级第二学期获得"_____之星"。

计划_____年级第一学期获得"_____之星";计划_____年级第二学期获得"_____之星"。

终极目标:
集齐"诚勤雅乐"章

计划_____年级第一学期获得"_____之星";计划_____年级第二学期获得"_____之星"。

计划_____年级第一学期获得"_____之星";计划_____年级第二学期获得"_____之星"。

**做一做**

　　"诚勤雅乐"章包含了诚信、勤奋、雅习、乐观四个部分,共分为十二颗星,打开你的《夺星争章》手册,看看到目前为止,你已经积累了几枚"章"?下一步打算通过努力争取哪一枚?让我们从小事做起,从身边做起,争当景行美德少年吧!

# 第 11 课　永泰实小赋

**学一学**

　　仙人崙①下,清凉溪②畔,青山屏列,绿水东来,坐北朝南,远眺"弥勒"③。方圆五顷,楼宇六幢,设施现代,景新物美。百余名师汇聚,两千学子共读。生态教育,绿色课堂,"三大"④理念,特色凸显,减负提质,追求本真,文明学校⑤,素质领先⑥。赞曰:绿色花园,健康乐园,书香艺园,科技学园,幸福家园,生态"五园"也!

　　首座学宫,景行书院⑦,风华百年,人才辈出。时移世易,校名迭更,两等⑧,高山,明伦,永阳,双溪,鹤皋,城关,东方红,实验小学也。名易风承,历居永福蒙学首宫之位。十年树木,百年树人,教育之本,贵在化人,寓景行文化⑨于校园东西南北,注涓涓细流于师生心间足底。

　　今之实小,再展宏愿,创生态"五园",铸"景行"品牌,秉承"朝阳气息,君子风范"之精神,铭记"德参山水,学寓古今"之校训,弘扬"见贤思齐,日新致远"之校风,师者"博文修身,秉爱树人",学子"诗书涵慧,雅习铭心"。根深叶茂,春驻景行,播种希望,放飞梦想!古有状元联三度⑩,今我后昆扬四方。壮哉,我景行文化;美哉,我百年实小。

**【注释】**

①仙人崙：位于永泰县城北面，上有仙佛寺。

②清凉溪：为永泰母亲河大樟溪源头支流之一。

③"弥勒"：指永泰弥勒山。永泰县实验小学坐北朝南，正面对着弥勒山，取其得弥勒庇佑、吉祥安康之意。

④"三大"：优化课程设置，树立大课程观，实现"面向全体，全面发展"，是永泰县实验小学的办学特色。"三大"指的是"三大课程理念"：大语文观、大体艺观、大教研观。

⑤文明学校：永泰县实验小学蝉联第九至十三届"福建省文明学校"。自2005年以来，十五年间县实验小学共获得县级以上荣誉141项（其中国家级11项，省级31项，市级39项，县级60项）。

⑥素质领先：2006年，永泰县实验小学获省级"素质教育先进学校"。

⑦景行书院：清乾隆二十三年（1758年），代理知县王作霖设官学于永福（今永泰）县城登高山麓，取名"景行书院"。

⑧两等：永泰县实验小学早年校名之一。

⑨景行文化："景行"，语出《诗经·小雅》中的"高山仰止，景行行止"，本指大道，现引申为对高尚道德的崇敬与学习。永泰县实验小学通过整合特色地域文化、悠久历史文化和先进时代文化，结合学校教育实际，创建并完善了以"景行文化"为文化主题，以"德参山水、学寓古今"为校训的学校文化理念体系。

⑩状元联三度：据《永泰县志》记载，宋乾道二年至八年（1166—1172年），邑人萧国梁、郑侨、黄定连中状元，一时震动朝野，传为佳话。

**读一读**

　　这篇由黄文明、林泳强创作的文质精美、内涵丰富的《永泰实小赋》是对学校百年来的概述与展望，让我们一起来读一读，背一背吧！

## 想一想

这篇《永泰实小赋》篇幅短小精炼、内涵广泛，同学们动动脑筋，提炼归纳一下作品中都包含哪些丰富的内涵。

## 问一问

永泰县实验小学已有百年的历史，人文厚实，文脉绵长，有很多的名人轶事。同学们可以查阅相关的资料，问一问爷爷奶奶、外公外婆等祖辈，了解和加深自己最想知道的知识。

## 写一写

《永泰实小赋》文字优美，知识覆盖面很广，跨越了百年时空，展望了美好未来。作为永泰县实验小学的一分子，你最想对学校说些什么？或者你还有什么理想、心愿，大胆地写出来吧！

# 第 12 课　最美"景行"人

**学一学**

　　永泰县实验小学创办于 1906 年,最早名为"景行"书院,历经百年,十易其名,数易其址,薪火相传。在"景行"文化的引领下,学校培养出一代又一代优秀的"景行"人,为祖国的建设,为社会的文明和进步作出了杰出贡献。终其一生诠释"平凡岗位中见伟大"的后圣华老师就是其中的一位。

后圣华老师辅导学生学习

后圣华老师出生于上海的一个知识分子家庭,从小受到良好的教育,饱读诗书,胸怀大志,品德高尚,这为她日后成为一位人民的好教师奠定了基础。参加工作后,她为了响应祖国支援大西北号召,毅然离开大都市,远赴甘肃省山丹煤矿子弟学校任教,因工作出色,多次被评为"优秀教师"和"劳动模范"。

1981年,后圣华老师随夫来到永泰县实验小学工作。从此,她融入实小大家庭,成了一名"景行"人,很快被学校委以重任——分管学校卫生工作,老师和学生们亲切地称她为"卫生部长"。20世纪80年代的旧实小校园环境还相当简陋,两栋砖木结构的教学楼,土质的操场和跑道,晴天,大风刮过,飞沙走石,纸屑和枯叶在空中乱舞;雨天,泥泞的操场为小朋友们准备好了印泥,楼道和教室的地板上印满了调皮的脚印,再加上水沟堵塞,污水横流,给学校的卫生工作带来了极大的挑战。然而,她毫不退缩,出色完成教学任务之余,把所剩时间全部投入到抓校园卫生工作中去。

她身先士卒,任劳任怨。在她工作的那段岁月里,当走进校园,你经常会看到一位头戴草帽,衣着朴素,左手拎着扫把,右手拿着铁铲,低着头做着卫生的身影,身后还立着一个装满垃圾的畚斗。乍一看还以为是清洁工呢!谁能想到她是来自繁华都市的姑娘,是站在三尺讲台上的老师?夏夜,校园是静谧的,朦胧的月光下几位年轻教师正在悠闲地散步,不远处教学楼的水沟旁,半蹲着一位留着短发的中年妇女。她手里拿着一把用竹竿加长的特制铁铲,认真地把沟里的泥沙一坨一坨地铲起来,疏通着沟与沟之间的暗道。"咔唠——咔唠——"清晰的、富有节奏感的声音不断传来,我们走近一看,又是后老师。我们便上前打招呼："后老师！这么晚了还没回家吃饭？""快了,快好了,孩子们做不好,我来帮个忙。"说完,她脸上露出慈祥的笑容。此刻已接近晚上八点,我们想帮忙,却被她婉言谢绝。多么平凡,多么感人的一幕！后来,我们时常遇到这样的情景,日复一日,年复一年,烙在我们记忆深处,这就是"景行"人。

她一丝不苟,公正不阿。工作日里,她每天都带着一拨执勤队员,仔细检查评比校园卫生,不放过任何一个角落,一发现问题,她立刻亲自动手清理干净,为的就是让老师和孩子们能在整洁的校园里快乐学习,快乐生活。评比时公平公正,哪怕行政带的班级也不留情。她尤其厉害的一招是,在每周的教师例会上点名公布评比结果,因此,许多老师在卫生工作上都十分敬畏她。她就是这样勤恳工作,无私奉献,被授予全国"三八"红旗手称号。

前些日子,我和黄文明校长遇到后老师的儿子鲍先生,我们在聊天中又谈起后老师,谈起她生前的工作和生活。鲍先生给我们留下印象最深的一句话是："我妈妈一心扑在工作上,家里的活全是我爸爸干。"这句质朴的评价语让人感动不已,这种舍小家顾大家的精神,不就是"景行"文化的一部分吗？后圣华老师无愧于"优秀共产党员"、"优秀人民教师"的称号,她就是最美"景行"人！

**说一说**

作为一名"景行"学子,从后圣华老师身上,你学到了什么呢?

**写一写**

留心观察身边的人和事,写一写身边最美"景行"人的故事。

**背一背**

在校园里走一走,看一看,把看到的"景行"文化内容背下来。

# 后记

为了让永泰县实验小学学生初步了解永泰县历史文化、学校悠久的办学历史与厚重的"景行"文化，从而培养并加深学生从爱学校，到爱家乡，再到爱祖国的思想感情，真正树立"今日景行学子，明天国家栋梁"的远大志向，在永泰县教育局的精心指导下，学校组织编写了这套《魅力永泰　书香景行》校本教材。

教材以永泰县樟城镇登高路二十一层崎仰止楼为地理坐标，以清乾隆二十三年(1758年)景行书院为主要历史脉络，筛选一些有教育意义的人物与事件，深入浅出地为学生打开了一幅从景行书院到永泰县实验小学的历史画卷。认真学习《魅力永泰　书香景行》中的课文，不仅能促进学生从小树立良好的思想品德，立志报效祖国，还能拓展学生的知识面，激发学生对永泰乃至对中国历史文化的兴趣。

本套教材共分上、下两册，每册分"状元坊剪影"、"书院拾贝"、"我的'大实小'"三个单元，共二十四课，供中年级和高年级学生阅读。在编写过程中，本书参考了《永泰县志》《走遍永泰》《古韵永阳》等资料，在此特向有关作者表示感谢。

因时间仓促，水平有限，难免存在一些问题，希望老师、学生和家长多提宝贵意见！

编　者

2020 年 6 月